ANIMAIS BEBÊS

FILHOTES DE CACHORRO FOFINHOS

ESCRITO POR
AMY CULLIFORD

TRADUÇÃO DE
EVANDRO RODRIGUES

Um Livro da Coleção Raízes Plus da Crabtree

Crabtree Publishing
crabtreebooks.com

Auxílio Educacional para Professores e Educadores

Este livro ajuda crianças a se desenvolverem por meio da prática da leitura. Aqui estão algumas perguntas de orientação para ajudarem o leitor no desenvolvimento de sua capacidade de interpretação de textos. Algumas opções de respostas estão em vermelho.

Antes da Leitura:

- Sobre o que é este livro?
  - *Acho que este livro é sobre filhotes fofinhos de cachorros.*
  - *Acho que este livro é sobre filhotes de cachorros se entretendo com brinquedos.*
- O que eu quero aprender sobre esse assunto?
  - *Quero saber mais sobre como cuidar de um filhote de cachorro.*
  - *Quero saber quais tipos de comida que os filhotes gostam de comer.*

Durante a Leitura:

- Por que será que...
  - *os cachorros bebês são chamados de filhotes?*
  - *os filhotes precisam dormir bastante?*
- O que eu aprendi até agora?
  - *Aprendi que os filhotes dormem com sua mamãe para se aquecerem.*
  - *Aprendi que a maioria dos filhotes possui rabo.*

Após a Leitura:

- Que informações obtive sobre esse assunto?
  - *Aprendi que, ao respirarem de maneira ofegante, os filhotes se acalmam.*
  - *Aprendi que os filhotes gostam de correr e brincar.*
- Leita a história novamente e procure as palavras do vocabulário.
  - *Vi a palavra* ***ninhada*** *na página 4 e a palavra* ***ofegante*** *na página 13. As outras palavras do vocabulário encontram-se na página 23.*

Um **filhote de cachorro** é um cãozinho bebê.

Chamamos de **ninhada** quando a mamãe do cãozinho tem mais de um filhote.

Alguns filhotes são grandes, e outros são pequenos.

Muitos filhotes têm **rabo**.

Todos filhotes precisam dormir bastante!

Eles dormem juntos à mamãe deles para se aquecerem.

Os filhotes também adoram correr e pular.

Podemos levá-los
para passear.

Os filhotes se acalmam quando respiram de maneira **ofegante**.

Os filhotes bebem o leite da mamãe deles quando são jovens.

Ao crescerem, os filhotes começam a beber água e comer ração.

O **veterinário** irá ajudar a cuidar da saúde do filhote.

A maioria dos filhotes gosta de brincar com **ossos** e brinquedinhos para cachorro.

Todos filhotes
fazem *au-au*!

Lista de Palavra

Palavras Visuais

a
acalmam
adoram
ajudar
ao
aquecerem
bastante
bebê
bebem
beber
brincar
brinquedinhos
cachorro
cãozinho
chamamos
com
começam
comer
correr
crescerem
da
de
deles
do
dormem
dormir
dos
e
é
eles
fazem
filhotes
grandes
gosta
irá
jovens
juntos
levá-los
maioria
mais
mamãe
maneira
muitos
o
os
para
passear
pequenos
podemos
precisam
pular
quando
ração
respiram
são
saúde
também
todos
um
veterinário

Palavras Novas

filhote de cachorro

ninhada

ofegante

ossos

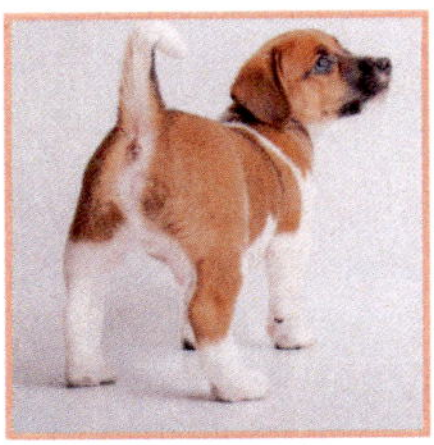

rabo

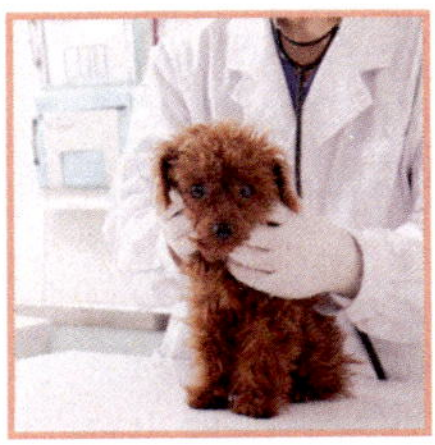

veterinário

ANIMAIS BEBÊS
FILHOTES DE CACHORRO FOFINHOS

Escrito por: Amy Culliford
Tradução de: Evandro Rodrigues
Direção de Arte e Visual: Kathy Walsh
Elaboração da Série: James Earley
Revisão: Melissa Boyce

Fotografias:
Shutterstock: cover & title pg: ©Pewara Nicropithak, © Eric Isselee; pg 3 & 23 ©Dorottya Mathe; pg 5 & 23 ©Ska_Zka; pg 6 ©Scorpp, ©cynoclub; pg 7 & 23 ©JE Jevgenija; pg 8 ©Ivanova N; pg 9 ©Rita_Kochmarjova; pg 10 ©otsphoto; pg 11 ©otsphoto; pg 12 ©Jaromir Chalabala; pg 13 & 23 ©Eric Isselee; pg 14 ©Dariusz Banaszuk; pg 15 ©Gladskikh Tatiana; pg 17 & 23 ©CXiXinXing; pg 18 ©Victoria Rak; pg 19 & 23 ©Vitaly Titov; pg 21 ©Eric Isselee

Crabtree Publishing

crabtreebooks.com 800-387-7650

No Canadá: agradecemos o apoio financeiro do Governo do Canadá por meio do Canada Book Fund para nosso trabalho editorial.

Printed in the U.S.A./CP2025

Publicado no Canadá
Crabtree Publishing
616 Welland Ave.
St. Catharines, Ontario
L2M 5V6

Publicado nos Estados Unidos
Crabtree Publishing
347 Fifth Ave
Suite 1402-145
New York, NY 10016

Catalogação na Publicação pela Library and Archives Canada
Disponíveis na Library and Archives Canada

Dados de Catalogação na Publicação pela Biblioteca do Congresso
Disponíveis na Biblioteca do Congresso

Hardcover: 978-1-0398-8128-0
Paperback: 978-1-0398-8489-2
Ebook (pdf): 978-1-0398-8248-5
Epub: 978-1-0398-8368-0
Audio: 978-1-0398-8531-8
Read-Along: 978-1-0398-8573-8